Kartoffeln schmecken am besten,
wenn man mit ihnen die Sau mästet
und dann die Sau verspeist.

Volksmund

KOCHBÜCHLEIN

Sachsen Anhalt

von
Klaus-Jürgen Boldt

Verlag für die Frau
Leipzig

ISBN 3-7304-0343-5

3. Auflage 1995

Arrangement und Fotos:
Grit Hentschel
Typografie und Einband:
Lore Jacobi
Lektorat: Christa Winkelmann
Satz: H & P Fotosatz GmbH
Bielefeld · Kirchlengern · Leipzig
Reproduktion:
Sebald Sachsendruck Plauen
Druck und buchbinderische Verarbeitung:
Offizin Andersen Nexö Leipzig GmbH,
Graphischer Großbetrieb
Printed in Germany

Klump (eine Kloßart) mit Zwiebeln oder Speck; Braunkohl (Grünkohl) mit Klump, dazu ein Gemisch aus Birnen, Pflaumen und Rosinen.

Das Brot stand zu jeder Zeit in der Achtung der Menschen obenan. Hochzeitsbräuche mit Brot als Segensbringer sind teilweise bis heute üblich. Eine ausgefallene, auch jetzt noch in Salzwedel gebackene Brötchenform, die sogenannte Stimmstute (gekreuztes Viererbrötchen), stammt aus der Altmark. Viele Gemüsearten der Goldenen Aue, dem lößbedeckten, fruchtbaren Tal zwischen Kyffhäuser und Unterharz, bereichern in hervorragender Qualität nicht nur die regionale Küche.

Hauptnahrungsmittel des Harzes waren früher Kuh- und Ziegenmilch sowie Produkte daraus. Am bekanntesten ist der Harzer Käse – der heute meist woanders hergestellt wird. Oder Milchsuppe mit Brot, weiße Bohnen mit Graupen (»Witte Bohnen un Grütte«) sowie vielerlei Wildfrucht- und Pilzgerichte. Im Harz und Harzvorland ist auch das Mufflon beheimatet. Das wohlschmeckende Fleisch dieser Schafart gehört zu dortigen Wildspezialitäten und ist Bestandteil einiger Rezeptvorschläge von mir.

In diesem Büchlein kann ich nur eine beschränkte Auswahl an Gerichten vorstellen, auf einfache Rezepte wie Pellkartoffeln mit Quark, Gemüsesuppen oder Eintopfgerichte aus Gerste, Erbsen oder Bohnen habe ich verzichtet, sie gehören aber zum gebietstypischen Speisenangebot.

Darüber hinaus hat Sachsen-Anhalt weithin bekannt gewordene bodenständige Getränke zu bieten: Die Weine aus dem Weinanbaugebiet Saale-

Unstrut, einer der nördlichsten Rebanbauflächen Europas, sind international begehrt. Noch bekannter ist die Rotkäppchen-Sektkellerei in Freyburg, gegründet 1856 als Champagner-Fabrik. Die leuchtend roten Flaschenkapseln sind Markenzeichen, sie gaben dem beliebten deutschen Sekt mit dem fanzösischen Bouquet seinen Namen.

Süß-saure Bohnen

200 g weiße Bohnen, etwas Salz, weißer Pfeffer, 300 g durchwachsenes Rindfleisch, 400 g Kartoffeln, 150 g magerer Speck, 1 große Zwiebel, je 2 Eßl. Essig und Zucker, Thymian.

Bohnen verlesen, waschen und über Nacht in 2 Liter Wasser einweichen. Darin aufkochen und abschäumen, würzen, das in Würfel geschnittene Rindfleisch und geschälte, gewürfelte Kartoffeln zugeben und weichkochen. Speckwürfel kroß ausbraten, kleingewürfelte Zwiebel zugeben, bräunen lassen, alles in die Suppe geben, mit Essig und Zucker süßsauer abschmecken. Vor dem Auftragen mit frischen Thymianzweigen garnieren. Als Beilage dunkles Brot mit Zwiebel-Griebenschmalz.

Droschkenkutschersuppe

500 g Rinderschulter (Bug), 1 Suppengrün, 1 Eßl. Salz, Pfeffer, 500 g geschälte kleine Kartoffeln, 200 g Reis (angekocht), 2 Eßl. gehackte Kräuter (Petersilie, Schnittlauch, Kerbel, Basilikum).

Rindfleisch in 2 Liter Salzwasser aufkochen, abschäumen und ca. 30 Minuten kochen lassen. Suppengrün putzen, waschen, in Würfel schneiden und mit den Kartoffeln zum Fleisch geben, garkochen. Jetzt den Reis zufügen, nochmals aufkochen. Gegartes Rindfleisch herausnehmen, in feine Scheiben schneiden und wieder zur Suppe geben. Abschließend die frischen Kräuter zugeben. Als Beilage wurde früher selbstgebackenes Brot mit geräucherter Mettwurst gereicht.

Bohnen und Graupen

200 g weiße Bohnen, 100 g Gerstengraupen, gewürfelte Kartoffeln, 1 Suppengrün, 300 g magere Speckwürfel, Salz, Pfeffer, Majoran, Schnittlauch.

Bohnen und Graupen in 2 Liter Wasser über Nacht einweichen, darin aufkochen, abschäumen, geputztes Suppengrün zugeben, ca. 1 Std. kochen lassen. Suppengrün herausnehmen, feinhacken. In einer Pfanne Speckwürfel bräunen, die Hälfte des zerkleinerten Suppengrüns zugeben, kurz anbraten, zusammen mit restlichem Suppengrün in den Eintopf geben. Kurz aufkochen und mit Schnittlauchröllchen servieren.

Bunte Frühlingssuppe

100g magere Speckwürfel, 2 fein gewürfelte Zwiebeln, 50 g Butter, je 2 Kohlrabiknollen und Möhren, 4 Frühlingszwiebeln, 4 mittelgroße Kartoffeln, 1 l Brühe, ½ Blumenkohl, Salz, Pfeffer, 1 Knoblauchzehe, 4 Scheiben Toastbrot, 2 Eßl. Küchenkräuter.

Speckwürfel kroß anbraten, Zwiebelwürfel zugeben und hellbraun schwitzen. Das geputzte, gewaschene und zerkleinerte Gemüse nacheinander in zerlassener Butter kurz anbraten, mit Brühe auffüllen, aufkochen und bei kleiner Flamme fast gar kochen. Blumenkohlröschen zugeben, 10 Minuten ziehen lassen, mit gehackten Kräutern auftragen. Toastbrotwürfel mit der Knoblauchzehe in etwas Butter goldgelb braten, über die Suppe geben.

Linsen mit Backpflaumen

(auch als Beilage möglich)

500 g Linsen, 1½ l Brühe, 200 g Rauchfleisch, 2 Zwiebeln, 200 g Backpflaumen (ohne Stein), 0,1 l Rotwein, Salz, Pfeffer, 2 Eßl. Essig, je ½ Eßl. gehackter Schnittlauch und Kerbel, 2 mittelgroße blaue Zwiebeln, 4 Scheiben Blutwurst, 40 g Butterschmalz.

Gewaschene Linsen in der Brühe ansetzen, mit dem in mittelgroße Würfel geschnittenen Rauchfleisch und Zwiebeln kochen. Kurz vor Garende die in Rotwein eingeweichten Backpflaumen zugeben, aufkochen und mit Essig, Salz und Pfeffer abschmecken. Mit Kräutern bestreuen. In Schmalz angebratene Blutwurst mit Zwiebelringen als Beilage.

Kohlrüben »Äppel un Rosin«

Je 750 g Kohlrüben und Äpfel, 100 g Butterschmalz, 100 g Sultaninen oder Rosinen, 4 cl weißer Rum, 1 l Hühnerbrühe (Instant möglich), Salz, Zucker, etwas weißer Pfeffer aus der Mühle.

Geschälte Kohlrüben blättrig schneiden, im Butterschmalz leicht anbraten, die vorher in Rum eingeweichten Rosinen zugeben, mit Hühnerbrühe auffüllen und garkochen. Äpfel schälen, in Scheiben schneiden, mit dazugeben und nur noch garziehen lassen. Mit Salz, Pfeffer und Zucker abschmecken, in einer Schüssel anrichten. Vorzüglich zu Enten- und Gänsebraten.

Kohlrabitopf mit gepökelten Rippchen

600 g Pökelrippchen (auch Kasseler Rippchen), 60 g Margarine, 2 Zwiebeln, Salz, Pfeffer, etwas gehackter Kümmel, 6–8 Kohlrabiknollen und -herzblätter, 500 g geschälte, gewürfelte Kartoffeln, 1 Eßl. gehackte Petersilie, Thymianrispen.

Gut gewaschene und geschnittene Rippchen trockentupfen, mit den in Scheiben geschnittenen Zwiebeln in Margarine anbraten und mit ca. 1½ l Wasser auffüllen. Mit Pfeffer und Kümmel würzen, vorsichtig salzen, da gepökelt. Nach dem Aufkochen abschäumen und garkochen. Kartoffeln blanchieren, Kohlrabi in Stifte schneiden, Herzblätter grob hacken, alles in den Topf geben und fertig garen. In eine Terrine füllen, mit gehackter Petersilie und frischen Thymianrispen bestreuen.

Einfache Weinsuppe nach Unstrut-Art

8 Scheiben geriebener Zwieback, 2 Eßl. Zucker, ½ Teel. Zimt, ½ l trockener Weißwein, 4 Eidotter, 0,1 l Muskatwein.

Geriebenen Zwieback mit Zucker und Zimt in Wasser aufkochen und glattrühren, Weißwein und ½ Liter Wasser zugeben und nochmals kochen lassen. Eidotter mit Muskatwein gut verquirlen, durch ein Sieb in die Suppe einlaufen und ziehen lassen. Nicht mehr kochen! Die Eidotter geben der Suppe die richtige Konsistenz.

Hallenser Grünkernsuppe

6 gehäufte Eßl. Grünkernschrot, 50 g Butterschmalz, 1½ l Fleischbrühe, je 1 Zwiebel und Möhre, 3 Eßl. Crème fraîche, Salz, weißer Pfeffer aus der Mühle, Muskat, 2 Eßl. Kräuter (je nach Jahreszeit).

Grünkernschrot in zerlassenem Butterschmalz anrösten, mit Fleischbrühe auffüllen, die unzerteilte Zwiebel und Möhre dazugeben, aufkochen lassen. Bei geringer Hitze unter ständigem Rühren ca. 30 Minuten garziehen lassen. Zwiebel und Möhre herausnehmen, Suppe mit Salz, Pfeffer, Muskat abschmecken und Crème fraîche unterziehen. In vorgewärmten Tellern anrichten, mit gehackten Kräutern bestreuen.

Speckpfannkuchen

4 Eigelb, ½ l Milch, 1 Prise Salz, 175 g Mehl, 4 Eiweiß, 1 Bd. Schnittlauch, 200 g durchwachsener Speck, 1 Eßl. Butterschmalz.

Eigelb mit Milch und Salz gut verquirlen, nach und nach gesiebtes Mehl unterrühren. Geschlagenes Eiweiß mit fein geschnittenem Schnittlauch vorsichtig unterheben. Speck in dünne Scheiben schneiden, in wenig zerlassenem Butterschmalz von beiden Seiten kroß braten, darauf die Eierkuchenmasse dünn verteilen und beidseitig goldgelb braten. Vor dem Wenden bei Bedarf Butterschmalz zugeben. Mit frischem grünen Salat und Preiselbeeren reichen.

Variante: Statt Speck kann auch geräucherte Mettwurst oder Schinkenspeck verwendet werden.

Wachtelbrüstchen an Salaten der Saison im pikanten Quarkdressing, Wachteleiergarnitur

(aus der feinen anhaltinischen Küche)

2–3 Sorten Blattsalate (z. B. Eisberg, Lolo rosso, Chicorée), 2–3 Wachteleier pro Person, 100 g Kräuterquark, 1 Eßl. Balsamico Essig, 2 Eßl. Olivenöl, 1 Eßl. Kresse, einige Spritzer Tabasco, 2 Eßl. Wodka, 3 Eßl. Schlagsahne, 2–3 Wachtelbrüstchen pro Person (ausgelöst), etwas Salz, Pfeffer, Mehl, 2 Eßl. Butterschmalz, 2 kleine Kräuterbrötchen je Person.

Salate putzen, waschen, in mundgerechte Stücke zupfen und trocken schleudern, anschließend kalt stellen. Wachteleier ca. 8 Minuten kochen, mit kaltem Wasser abschrecken und abpellen. Aus Quark und restlichen Zutaten ein dickcremiges Dressing herstellen. Zum Anrichten etwas Dressing auf einen Teller gießen, Salat darauf verteilen, mit restlichem Dressing Streifen überziehen. Halbierte Wachteleier aufsetzen. – Jetzt die Wachtelbrüstchen würzen, in Mehl wenden, von jeder Seite ca. 2–3 Minuten rosa braten, anschließend 5 Minuten ruhen lassen. Brüstchen schräg schneiden, Tranche auf jedes Wachtelei legen. Frische Kräuterbrötchen dazu reichen.

Karpfenfilets mit Petersilie

1 filetierter Karpfen (ca. 1,5 kg), Salz, 4–6 Zitronenscheiben, 1 Eßl. Petersilie, 1/8 l Fleischbrühe, 8–10 zerdrückte Pfefferkörner, 0,1 l trockener Weißwein, 2 Eßl. Küchenkräuter, 2 Eigelb, 1/2 Tasse Kaffeesahne.

Karpfenfilets abspülen, trockentupfen, ca. 2 Std. mit Salz, gehackter Petersilie und Zitronenscheiben marinieren. Brühe in eine große flache Pfanne gießen, Karpfenfilets und Pfeffersäckchen einlegen, Filets mit Butterstückchen umlegen und unbedeckt ca. 10 Minuten garen. Fertige Filets herausnehmen und warm stellen, Pfeffersäckchen entfernen. Fischfond auf die Hälfte einkochen. Weißwein und Kräuter zugeben, nochmals aufkochen. Sauce mit verquirlter Ei-

gelb-Sahne-Mischung binden – nicht mehr kochen lassen. Sauce über die Karpfenfilets geben, mit Dillkartoffeln und Gurkensalat servieren. – Sollten Filets übrig bleiben, diese in Stücke schneiden, mit Eischeiben belegen. Sauce mit Essig und Senf vollenden, über die Filets geben, kalt stellen und mit Bratkartoffeln servieren.

Zarte Hechtklößchen mit Pilaw-Reis

1 Hecht oder 400 g Hechtfilet, Salz, weißer Pfeffer, etwas Muskat, 0,3 l Sahne, 3 Eiweiß, 2 Schalotten, 20 g Butter, 1 kl. Bund Dill.
Sauce: ½ l Fischfond, 20 g Butter, 40 g Mehl, 0,1 l trockener Weißwein, Salz, Pfeffer, 1 Eßl. Petersilie.
Blattspinat: 800 g Spinat, 1 Zwiebel, 60 g Butter, Salz, Pfeffer, Muskat, etwas Knoblauch.
Pilaw-Reis: 2 Schalotten, 50 g Butterschmalz, 200 g Langkorn-Wildreis, ½ l Rinderbrühe, 100 g Trompeten- oder andere Waldpilze, 8–12 Kaiserschoten, Salz.

Hechtfleisch zweimal durch den Wolf drehen, auf Eis kalt rühren, mit Salz, Pfeffer und Muskat würzen, mit einem Eiweiß und etwas Sahne vermengen. Masse durch ein Haarsieb streichen und kalt stellen. Abgezogene, kleingewürfelte Schalotten in zerlassener Butter anschwitzen, nach Erkalten gehackten Dill zugeben und unter die Hechtmasse rühren. Verbliebene Sahne tropfenweise hineingeben, zwei steifgeschlagene Eiweiß unterheben. Zum Festigen nochmals ca. 30 Minuten kalt stellen.

Für die Sauce Fischfond erhitzen, mit etwas Butter und Mehl binden und ca.10 Minutren kochen lassen. Weißwein zugeben. Mit einem Löffel Klößchen von der Hechtmasse formen und etwa 5 Minuten in der Sauce garziehen lassen. Restliche kalte Butter unterschwenken, mit Salz und Pfeffer abschmecken, gehackte Petersilie zum Schluß zur Sauce geben.

Verlesenen, gewaschenen Blattspinat im Salzwasser blanchieren, herausnehmen und im Eiswasser abschrekken; trockentupfen. Feingewürfelte Zwiebel in Butter dünsten, Spinat zugeben und würzen, warm stellen. Schalottenwürfel in Butterschmalz anschwitzen, gewaschenen Reis zugeben, leicht salzen, mit Brühe auffüllen und ca. 20 Minuten abgedeckt im Ofen garen. Geputzte, gewaschene Pilze grob zerkleinern, kurz vor Garende untermischen und ziehen lassen. Fertigen Reis auf Teller anrichten und mit vorher gedünsteten Kaiserschoten garnieren. Daneben die Spinatblätter geben, auf die jeweils 2–3 Hechtklößchen gelegt werden. Mit Sauce überziehen.

Zanderfilet im Gemüsebeet

4 Zanderfilets (je 150 g),
Zitronensaft, etwas Worcestersauce,
1/8 l trockener Weißwein, Salz,
je 150 g Lauch, Karotten, Sellerie,
Fenchel, Champignons, 80 g Butter,
etwas frischer Majoran oder Oregano,
2 Eßl. Küchenkräuter,
0,2 l Crème fraîche.

Zanderfilets mit Zitronensaft, Worcestersauce und etwas Weißwein marinieren, abgedeckt ca. 1 Std. kalt stellen, dann salzen. Geputztes und gewaschenes Gemüse in feine Streifen schneiden und in zerlassener Butter anschwitzen. Zanderfilets auflegen, restlichen Weißwein aufgießen und abgedeckt ca. 5–7 Minuten garziehen lassen. Nun die Filets mit gehackten Kräutern bestreuen und mit Oreganozweigen belegen. Crème fraîche zugießen, nochmals 2–3 Minuten durchziehen lassen. Möglichst im Gargefäß (feuerfestes Glas) zu Tisch bringen. Als Beilage sind Reis und frischer Feldsalat und Radicchioblätter zu empfehlen.

Als Getränk ideal: Bodenständiger Wein.

Fischgugelhupf auf Sektschaum mit Gemüseperlen

4 Forellenfilets, Zitronensaft, Salz, je 1 Teel. gehackter Dill, 4 Blätter Sauerampfer oder große Spinatblätter, 200 g Hechtfiletfarce (siehe Rezept s. 35), ¼ l Fischfond, 30 g Mehl, 60 g Butter, 2 Eigelb, 0,1 l Sekt, weißer Pfeffer, ⅛ l geschlagene Sahne, 2 Möhren, 1 Sellerieknolle.

Napfkuchenform ausbuttern, Forellenfilets längs in dünne Scheiben schneiden, leicht klopfen und in die Form einlegen, einige Scheiben zurücklassen. Filets mit Zitrone beträufeln, salzen, mit gehackten Kräutern bestreuen und Sauerampferblättern belegen, darauf die Hechtfarce verteilen. Überhängende Sauerampferblätter und restliche Forellenfiletscheiben

obenauf legen. Form in ein Wasserbad stellen und im vorgeheizten Ofen bei ca. 180 °C 15–20 Minuten pochieren. – Zwischenzeitlich Fischfond erhitzen, mit Mehl und Butter binden, aufkochen und passieren. Mit 2 Eigelb legieren, Sekt zugeben, mit etwas Salz, weißem Pfeffer und Zitrone abschmecken, zum Schluß Sahne unterziehen. Anschließend Schaum warm stellen.

Mit einem Kugelausstecher Möhren und Sellerie ausstechen und kurz in Salzwasser blanchieren. Vor dem Servieren in zerlassener Butter anschwitzen und mit dem in Scheiben geschnittenen Fischgugelhupf auf Schaum anrichten, dazu Petersilienkartoffeln und Sekt reichen.

Speckkuchen Köthener Art

500 g Brotteig (vom Bäcker) oder selbstgemachter Mürbeteig, 400 g Speckwürfel, 200 g Butterschmalz, 500 g Zwiebelwürfel, 250 g magerer Quark, 0,1 l saure Sahne, 0,1 l Schlagsahne, 3 Eier, Salz, 1 Prise gemahlener Kümmel, je 1 Teel. Dill und Schnittlauch.

Ausgerollten Brotteig auf ein Kuchenblech verteilen, etwa 30 Minuten ruhen lassen, Speckwürfel im erhitzten Butterschmalz auslassen, Zwiebelwürfel zugeben und glasig dünsten. Quark mit Eiern und saurer Sahne sowie Schlagsahne verrühren, mit Salz, Kümmel und gehackten Kräutern würzen. Masse auf den Teig auftragen, darauf die Speck-Zwiebel-Mischung verteilen. Im vorgeheizten

Ofen bei Mittelhitze etwa 35–40 Minuten goldgelb backen.

Gedämpfte Steinpilze

1 kg Steinpilze, 100 g Butter,
1 Zwiebel, Salz, Pfeffer,
1 Eßl. Petersilie,
0,1 l Crème fraîche.

Geputzte und gewaschene Pilze in feine Scheiben schneiden, in zerlassener Butter mit geschälter Zwiebel garen, danach Zwiebel herausnehmen und die Pilze mit Salz und Pfeffer aus der Mühle würzen. Gehackte Petersilie zugeben und nochmals kurz aufkochen. Crème fraîche unterziehen. Diese Zubereitung eignet sich für viele Speisepilze, z. B. Champignons, Morcheln, Maronen usw.

Pellkartoffeln mit Quarkstip

1 kg neue Kartoffeln (klein bis mittelgroß), je 1 Eßl. Salz und Kümmel, 150 g Butter, 2 Eßl. Öl, 500 g Quark, 2 Eßl. Crème fraîche, 3 Eßl. Kräuter (Petersilie, Schnittlauch, Dill, Estragon), Salz, Pfeffer, edelsüßer Paprika.

Gut gewaschene Kartoffeln in Salzwasser mit Kümmel garkochen. Butter schaumig rühren, Quark und Öl langsam untermischen. Crème fraîche und Küchenkräuter zugeben, mit Salz, Pfeffer und Paprika abschmekken. Fertigen Quark mit Pellkartoffeln auf Teller anrichten. Quarkstip schmeckt auch vorzüglich zu frischem Gemüse, wie Kohlrabistifte, Möhren, Blumenkohlröschen, Gurken, Champignons.

Nienburger Pfaffmänneken
(für 6–8 Personen)

3 kg Kartoffeln (mehlig kochend), Salz, 1 Teel. Kümmel, 2 Zwiebeln, 100 g magerer Speck, 3 Eier, weißer Pfeffer, 3 Eßl. Schnittlauchröllchen, 80 g Butterschmalz.

Gewaschene Kartoffeln mit Salz und Kümmel kochen, pellen, einen Tag kühl stehen lassen, dann reiben. Zwiebeln und Speck in feine Würfel schneiden, Speck kroß anbraten und zusammen mit den Eiern und geriebenen Kartoffeln zu einem Teig verarbeiten. Mit Salz und Pfeffer abschmecken. Schnittlauchröllchen untermischen. Daraus flache Klößchen formen, in Butterschmalz von beiden Seiten goldbraun braten. Pfaffmänneken werden mit Senf und eingelegten Gurken gegessen.

Halberstädter Kartoffelgulasch

2 mittelgroße Zwiebeln, 100 g Butterschmalz, je 2 Stück (100 g) Halberstädter Würstchen, Schinken- und Krautwürstchen, 1 kg geschälte Kartoffeln (fest kochend), je 1 rote und grüne Paprikafrucht, Salz, Pfeffer, edelsüßer Paprika.

Abgezogene, grob gewürfelte Zwiebeln in zerlassenem Butterschmalz anbraten, die in Würfel geschnittenen Würstchen und rohe Kartoffeln zugeben. Gewaschene Paprikafrüchte halbieren. Inneres entfernen, grob zerkleinern, zu dem Kartoffel-Würstchen-Gemisch geben. Mit Wasser aufgießen, daß alles bedeckt ist, würzen und abgedeckt im Ofen bei mittlerer Hitze ca. 1 Std. garen. Als Beilage frischer grüner Salat und Vollkornbrötchen.

Quarkkeulchen Zerbster Art

1 kg Pellkartoffeln, 2 Eier, 750 g magerer Quark, 250 g Mehl (oder 175 g Mehl und 75 g Grieß), 75 g Sultaninen, 2 Eßl. Zucker, Prise Salz, etwas Erdnußöl zum Braten, Pflaumenmarmelade, Puderzucker.

Kalte Pellkartoffeln fein reiben, Eier mit Quark, Mehl, Zucker, Sultaninen und Salz verrühren, mit den geriebenen Kartoffeln zu einer Teigrolle kneten, diese in ca. 2 cm dicke Scheiben schneiden. In einer Pfanne Erdnußöl erhitzen und die Teigscheiben beidseitig goldgelb braten. Herausnehmen, trockentupfen, mit Marmelade bestreichen oder mit Puderzucker bestreuen. Quarkkeulchen frisch essen, dazu einen großen »Pott« Kaffee reichen.

Klump aus gekochten Kartoffeln

750 g Pellkartoffeln, 250 g Mehl, 3 Eier, Salz, etwas Muskat, 1 Knoblauchzehe, 30 g Butterschmalz, 1 altbackenes Brötchen.

Pellkartoffeln schälen und quetschen, mit Mehl und Eiern vermengen; mit Salz und Muskat würzen und alles gut durchkneten. Eine erwärmte Eisenpfanne mit Knoblauch kräftig ausreiben, Butterschmalz zerlassen und darin das in Würfel geschnittene Brötchen kroß anbraten, erkalten lassen. Aus der Kartoffelmasse Klöße formen, Brötchenwürfel in die Mitte eindrücken, nochmals gut formen, damit keine Risse bleiben. Klöße ins sprudelnd kochende Salzwasser geben und ca. 12–15 Minuten abgedeckt ziehen lassen.

Zwiwwelklump

(aus dem Harzvorland, wird in einer Suppenterrine angerichtet)

500 g Hammelfleisch (Schafskeule), 500 g Zwiebelwürfel, Salz, 8–10 grob gestoßene Pfefferkörner, ½ Teel. gemahlener Kümmel, 600 g geschälte Kartoffeln, 100 g Mehl, 2 Eier, 100 g geröstete Semmelwürfel.

Schafskeule waschen und in Würfel schneiden, in etwa einem Liter Wasser mit Zwiebeln, Salz, Pfefferkörnern und Kümmel garkochen. Rohe Kartoffeln reiben, Masse durch ein Leinentuch drücken, mit Mehl und Eiern vermengen, etwas salzen und geröstete kleine Semmelwürfel untermischen, alles gut durchkneten. Kleinere Klöße formen, in die kochende Fleischbrühe zum garen Schafsfleisch geben und gut durchziehen lassen. In einer Terrine oder Suppenschüssel servieren.

Weitere Varianten von Klump-Gerichten (Klößchen)

Meerrettichklump: statt Zwiebeln wird roher Meerettich zugegeben

Parforcekohl-Klump: mit Weißkohl und Schweinefleisch zubereiteter Klump

Kümmelkartoffeln mit Matzkäse

1 kg neue Kartoffeln (mehlig kochend), je 1 Eßl. Kümmel und Salz, 150 g Butter, 500 g Quark (ca. 15 % Fett), frischer Pfeffer aus der Mühle, 3 Eßl. gehackte Petersilie, Schnittlauch, Dill, Basilikum.

Gewaschene Kartoffeln mit Salz und Kümmel garkochen, pellen und warm stellen. Butter schaumig rühren. Quark zugeben, gehackte Kräuter untermischen und mit Salz und Pfeffer abschmecken. Auf einer Platte mit den Kümmelkartoffeln anrichten.

Schichtkohl »Wolmirstedt«

1 mittelgroßer Kohl (Weiß- oder Wirsingkohl), 80 g Schmalz, 2 Zwiebeln, 500 g fertiges, gut gewürztes Gehacktes, 3 Eier, 0,1 l Milch, Salz, Pfeffer, etwas gemahlener Kümmel.

Geputzten und gewaschenen Kohl entblättern und Rippen herausschneiden. Kohlblätter im Salzwasser garen, abtropfen lassen und in eine gefettete Auflaufform einlegen. Darauf schichtweise das Gehackte und die in Scheiben geschnittenen Zwiebeln verteilen, zum Schluß mit Kohlblättern abdecken. Eier mit Milch und Gewürzen verrühren und darüber geben. Im vorgeheizten Ofen bei ca. 200 °C etwa 30 Minuten backen. Schichtkohl mit Quetschkartoffeln anrichten.

Gedämpfter Sellerie

2 Sellerieknollen, 50 g Margarine, 2 Eßl. Zucker, ¼ l Brühe, Salz, Muskat.

Gut gewaschene Sellerieknollen ca. 30 Minuten im Salzwasser kochen, herausnehmen, Knollen abschälen und in 4–6 Scheiben schneiden, warm stellen. Margarine in einem Topf zerlassen, Zucker zugeben und leicht bräunen, mit Brühe angießen und mit Salz und etwas Muskat würzen. Selleriescheiben einlegen und darin etwa 30 Minuten garziehen lassen. Zu dem gedämpften Sellerie kann man gegrilltes Schweinesteak mit Kartoffeltalern reichen.

Altmärker Gemüseschüssel

2 junge, geschälte Kohlrabi,
1 kleine grüne Gurke,
½ Bd. kleine Frühlingszwiebeln,
200 g junge Erbsen,
40 g Butter, 4 Eßl. Öl,
100 g süßer Mais,
4 abgezogene, gewürfelte Tomaten,
2 Eßl. Petersilie, Salz,
Pfeffer aus der Mühle,
Muskat, etwas Zucker.

Kohlrabi in Scheiben schneiden, die Herzblätter grob hacken. Gurke schälen, halbieren, Kerne ausschaben und mit den abgezogenen Zwiebeln in Scheiben schneiden. Kohlrabi-, Gurken- u. Zwiebelscheiben und Erbsen nacheinander kurz in Salzwasser blanchieren, herausnehmen und im Eiswasser abschrecken. Butter und Öl erhitzen, darin das gesamte Gemüse,

Mais und die gewürfelten Tomaten kurz anschwitzen, Petersilie zugeben und mit Salz, Pfeffer, Muskat und etwas Zucker abschmecken. Alles in eine ausgebutterte Auflaufform geben, mit Käsescheiben belegen und in der Backröhre bei ca. 200 °C etwa 10 Minuten überbacken, bis der Käse geschmolzen ist.

Schmeckt vorzüglich als Beilage zu geschmorten Schweinerippchen.

Geschmortes Gurkengemüse aus der Goldenen Aue

*1 kg Salatgurken,
80 g Butterschmalz,
Salz, etwas Pfeffer, 2 Eßl. Mehl,
¼ l Fleischbrühe, 400 g Bratwurstbrät, 1 Teel. Essig, Prise Zucker,
2 Eßl. Petersilie und Dill.*

Gurken schälen, halbieren, entkernen und in dicke Stücke schneiden, etwas salzen und ca. 1 Std. ziehen lassen. Gurkenstücke in Butterschmalz dünsten, mit Salz und Pfeffer würzen, mit Mehl bestäuben und mit heißer Brühe aufgießen, kurz aufkochen lassen. Aus dem Bratwurstbrät mittelgroße Klößchen formen, zu den Gurken geben, alles nochmal aufkochen und garziehen lassen, mit Essig und Zukker abschmecken. Mit frischen Kräutern und Kartoffelpüree servieren.

Kürbisgemüse

800 g Kürbis, Salz, 50 g Butterschmalz, 40 g Mehl, 1 Zwiebel, je 1 Teel. Dill und edelsüßer Paprika, ca. 1 l Brühe oder Wasser, 1/8 l Crème fraîche, 1 Eßl. Essig, Zucker.

Kürbis zerteilen, entkernen und schälen. Fruchtfleisch in kleine dünne Scheiben schneiden, salzen und einige Zeit stehen lassen. Aus Butterschmalz und Mehl eine helle Schwitze bereiten, feingewürfelte Zwiebel darin anschwitzen, Dill und Paprika zugeben, mit Brühe oder Wasser auffüllen. Glatt verrühren und aufkochen. Kürbis mit Fond vorsichtig zufügen, mit Essig abschmecken, kurz aufkochen und auf kleiner Flamme fast weich kochen. Mit Crème fraîche übergießen und mit etwas Zucker nachschmecken.

Beamten-Stippe

125 g Bruststpeck, 2 Zwiebeln,
250 g gehacktes Rindfleisch,
Salz, Pfeffer aus der Mühle,
edelsüßer Paprika,
je 1 Teel. Zucker, Zitronensaft,
Kartoffelmehl, 1 Eßl. Kapern.

Speck und abgezogene Zwiebeln in kleine Würfel schneiden. In einer Pfanne Speckwürfel kroß ausbraten, darin Zwiebeln glasig schwitzen und das gehackte Rindfleisch untermengen. Eine Tasse Wasser aufgießen und mit Salz, Pfeffer und Paprika kräftig würzen. Alles kurz durchkochen lassen und mit eingerührtem Kartoffelmehl binden, mit Zitrone und Zucker abschmecken, Kapern obenauf geben.

Dazu Salzkartoffeln reichen.

Alt-Magdeburger Rosinenfleisch

1 kg Rindergulasch,
Salz, Pfeffer aus der Mühle,
Paprika, 80 g Butterschmalz,
1 l Brühe (auch Instant),
je ½ l Wasser und Weißwein,
500 g Rosinen, 2 Stück Saucenkuchen
oder 4 Eßl. geriebener Zwieback,
je 1 Eßl. Zucker und Essig.

Rindergulasch gut würzen und in zerlassenem Butterschmalz scharf anbraten, Brühe aufgießen und garen. Wasser und Wein in einen Topf geben, gewaschene Rosinen einige Zeit darin einweichen, alles unter das gegarte Gulasch mischen, nochmals aufkochen lassen. Mit Saucenkuchen oder geriebenem Zwieback binden und mit Zucker und Essig abschmecken. Dazu gibt es Klöße.

Bernburger Täubchen im Saalewein-Sud

4 Täubchen (küchenfertig), 40 g Kräuterbutter, 80 g magerer Speck, Salz, weißer Pfeffer, 50 g Butterschmalz, ½ l Brühe, 4 Zwiebeln, 200 g kleine weiße Champignons, ⅛ l Saalewein, 1 Teel. Stärkemehl.

Die Täubchen waschen, trockenreiben, mit Salz und Pfeffer einreiben. Mit Kräuterbutter füllen und mit dem in dünne Scheiben geschnittenen Speck umwickeln. Täubchen in Butterschmalz anbraten, mit Brühe auffüllen. Abgezogene Zwiebeln und geputzte, gewaschene Champignons in Würfel schneiden, mit dem Wein zu den Täubchen geben. Zugedeckt ca. 25 Minuten garen, Sauce binden, aufkochen lassen, abschmecken und gehackte Petersilie unterziehen.

Saure Rippchen von der Sau

1 kg Schälrippchen, 50 g Schmalz, 2 Zwiebeln, 1 Eßl. Tomatenmark, 1 Teel. gekörnte Brühe, 2 Eßl. Mehl, ¼ l Buttermilch, Salz, Pfeffer aus der Mühle, Zucker.
Für die Marinade: 1½ l Wasser, ½ l Essig (10%ig), 3 Lorbeerblätter, 5 Nelken, 10 Pfefferkörner, etwas Thymian, 4 kleine Zwiebeln, 1 Möhre, 1 Stück Sellerie (100 g).

Wasser und Essig mit Nelken, Pfefferkörnern, Lorbeerblättern und Thymian aufkochen. Geputztes, in grobe Würfel geschnittenes Wurzelwerk zugeben, etwa 10 Minuten kochen und danach erkalten lassen. Rippchen waschen, in Stücke teilen, mit Salz und Pfeffer einreiben, in die Marinade einlegen und 2–4 Tage kalt stellen. Nun herausnehmen und gut abtropfen lassen. In einem Schmortopf Schmalz erhitzen, Rippchen darin anbraten, Zwiebelwürfel und Tomatenmark zugeben und kurz schmoren lassen, mit etwas Marinade auffüllen, gekörnte Brühe einstreuen und etwa 1 Std. schmoren lassen. Gegarte Rippchen herausnehmen und warm stellen. Bratenfond mit verquirlter Buttermilch-Mehl-Mischung binden, aufkochen, passieren, mit Salz, Pfeffer und etwas Zucker abschmecken und über die Rippchen gießen. Mit Klößen servieren, Rohkostsalat dazu reichen.

Eingelegtes Hammelfleisch mit säuerlicher Zwiebelditsche

600 g Hammel- oder Lammkeule, Salz, Paprika, 1–2 Knoblauchzehen, 6–8 zerdrückte Pfefferkörner, 2 Eßl. Zitronensaft, 600 g Zwiebeln, 3 Eßl. Öl, Pfeffer aus der Mühle, ¼ l trockener Saale-Wein, 1 Eßl. Mehl.

Hammelkeule waschen und abtrocknen, in Würfel schneiden, dann in eine Schüssel geben. Fleisch leicht salzen, mit Paprika, abgezogener und zerkleinerter Knoblauchzehe, Pfefferkörnern und Zitronensaft würzen und abgedeckt etwa 2 Std. stehen lassen. In passender Schmorpfanne Öl erhitzen, mariniertes Fleisch darin anbraten und die abgezogenen, in Scheiben geschnittenen Zwiebeln zugeben. Alles im eigenen Saft dünsten, mit Pfeffer

aus der Mühle würzen und Wein aufgießen. Im Backofen bei mäßiger Hitze etwa 2 Std. schmoren. Zwischendurch verdampfte Flüssigkeit gegebenenfalls mit Wasser ersetzen. Crème fraîche mit Mehl verrühren, Saucenfond damit binden, aufkochen lassen, mit Salz, Pfeffer und etwas Zitronensaft abschmecken. Dazu ißt man Salzkartoffeln oder Kartoffelbrei und Bohnensalat.

Lammfleisch mit Zwiebeln

1 kg Lammschulter, Salz, Pfeffer aus der Mühle, 1 Knoblauchzehe, 1 Teel. Kümmel, 2 Lorbeerblätter, 4 große Zwiebeln, 50 g Butter, 50 g Mehl, 1 Eßl. Schnittlauchröllchen.

Lammschulter waschen, mit Lorbeerblättern, Pfeffer, Kümmel und Knoblauch in Salzwasser zum Kochen bringen, abschäumen und ca. 2 Stunden kochen lassen, bis das Fleisch schön weich ist. Gepellte Zwiebeln in Scheiben schneiden, in Butter glasig dünsten, mit Mehl bestäuben und mit der Lammbrühe aufgießen. Mit Salz und Pfeffer abschmecken, sämig kochen. Lammschulter in fingerdicke Scheiben schneiden, mit Schnittlauch bestreuen. Dazu grüne Bohnen oder Porree und Klöße.

Geschmorte Kalbsschulter

800 g Kalbsschulter, 100 g Butter, 20 grob zerkleinerte Wacholderbeeren, ¼ l Rosé-Wein, 1 Zitrone, in Scheiben geschnitten; Salz, Pfeffer aus der Mühle, 2 Eier.

Abgespülte Kalbsschulter in fingerdicke Scheiben schneiden, leicht klopfen und kurz in kaltes Wasser legen. Herausnehmen, trockentupfen, salzen und pfeffern. Fleischscheiben in Butter anbraten. Sobald der Bratensatz bräunt, Wacholderbeeren und Wein hinzufügen, das Fleisch mit Zitronenscheiben belegen, eine gute Stunde langsam schmoren lassen. Gar herausnehmen und warm stellen. Bratenfond passieren, mit Salz und Pfeffer abschmecken, geschlagene Eier unter die Sauce ziehen, nicht mehr kochen!

Dessauer Reisbrei mit »Bratwurscht«

250 g Reis, 1 l Milch, 1 Prise Salz, 4 Bratwürste, 40 g Butterschmalz, 40 g Butter, 1 Eßl. Zucker, 1 Teel. Zimt.

Gewaschenen Reis in der leicht gesalzenen Milch aufkochen, bei geringer Hitze ca. 45 Minuten ausquellen lassen. Bratwürste in heißem Butterschmalz goldbraun braten. Reisbrei auf vorgewärmten Tellern anrichten, mit Zucker und Zimt bestreuen und mit zerlassener brauner Butter begießen, gebratene Bratwurst an den Rand legen. Dazu gibt es ein frisches Kompott. Ungewöhnlich – aber schmackhaft!

Bernburger Zwiwwelwurscht – selwer jemacht

500 g durchwachsener Schweinebauch, 4 Zwiebeln,
500 g Gehacktes vom Schwein,
1 zerdrückte Knoblauchzehe,
Salz, Pfeffer,
etwas gemahlener Kümmel
und frischer Majoran.

Bauchfleisch waschen, mit Scheiben einer Zwiebel und etwas Pfeffer im Salzwasser ca. 1 Stunde gar kochen. Herausnehmen und in Würfel schneiden. Schweinebauchbrühe auf die Hälfte einkochen lassen, eine Tasse abnehmen und mit dem Schweingehackten, den gesamten Gewürzen, dem Bauchfleisch und 3 gewürfelten Zwiebeln gut vermischen. Alles kurz durchkochen, mit Pfeffer und Salz abschmecken, in einen Steintopf füllen und 1 bis 2 Tage kalt stellen. Schmeckt als Brotaufstrich oder zu Pellkartoffeln mit saurer Gurke und eingelegten »Zwiwweln«!

Eingelegte »Zwiwweln«

¼ l Essig (5%ig), ½ Tasse Öl, 2 Lorbeerblätter, 10–15 zerdrückte Pfefferkörner, 1 Teel. Senfkörner, 1 kg abgezogene kleine Zwiebeln.

⅛ l Wasser mit Essig, Öl und Gewürzen zum Kochen bringen, Zwiebeln zugeben, unter Rühren auf 80–90 °C erhitzen und schnell abkühlen lassen. In einem Glas- oder Porzellangefäß die Zwiebeln aufbewahren.

Filzen

(für ca. 6 Personen)

100 g Butterschmalz, 10 altbackene, gewürfelte Brötchen oder Weißbrotscheiben, 1 l Milch, 8–10 Eier, etwas Thymian, Muskat, Salz, Pfeffer aus der Mühle, 400 g Schinkenspeckscheiben, 400 g Bratwurstmasse, 2 Eßl. gehackte Petersilie.

In einer großen Bratpfanne Butterschmalz zerlassen, eine Schicht Brötchenwürfel darin verteilen. Dann Milch, Eier, Salz, Pfeffer, Muskat und Thymian gut verquirlen, die Hälfte dieser Masse über die Brötchenwürfel gießen. In die Mitte Schinkenspeckscheiben und daneben auf beiden Seiten die Bratwurstmasse geben. Darauf die übrigen gewürfelten Brötchen verteilen, alles mit restlicher Eier-

milch übergießen und mit gehackter Petersilie bestreuen. Im Ofen bei mäßiger Hitze etwa 1–1½ Stunden goldgelb backen. Nach dem Garen mit einem Löffel abstechen, auf vorgewärmten Tellern anrichten und mit frischem Gemüse servieren.

Getrunken wird dazu ein kräftiges Bier.

Köthener Schusterpfanne

(traditionelles Kartoffel-Birnen-Gericht, im Römertopf zubereitet und serviert. Für ca. 6 Personen)

1 kg Kartoffeln, 1 kg Birnen,
700 g grob gewürfelter
Schweinebauch,
etwas Salz, Pfeffer, Kümmel,
1 zerdrückte Knoblauchzehe,
einige Zweige Beifuß,
frischer Thymian,
1 Eßl. Öl zum Ausfetten.

Römertopf vor Gebrauch 3–4 Stunden wässern! Es kann auch eine andere feuerfeste Form benutzt werden. Römertopf mit Öl ausfetten. Kartoffeln und Birnen schälen, waschen, Birnen halbieren und Kerngehäuse entfernen, alles in dicke Scheiben schneiden. Gewürfelten Schweinebauch kroß anbraten, mit Salz, Pfeffer, Kümmel und Knoblauch kräftig würzen. Zuerst jeweils die Hälfte der leicht gesalzenen Kartoffel-, daneben die Birnenscheiben in den Topf schichten. In die Mitte die angebratenen Schweinebauchwürfel geben, daneben die restlichen Birnen- und Kartoffelscheiben; mit Beifuß belegen. Etwa 1½ Tasse Wasser aufgießen, so daß der Inhalt knapp bedeckt ist. Römertopf abdecken, in der Röhre bei ca. 200 °C etwa 30–40 Minuten garen. Kurz vor Garende den Deckel abnehmen und ca. 10 Minuten bei starker Hitze gut nachbräunen lassen, die Kartoffeln sollen schön knusprig sein. mit Thymianzweigen garnieren und sofort zu Tisch bringen. Als Beilage eignet sich frischer Salat mit hartgekochten, gehackten Eiern.

Harzer Wurzelfleisch

800 g Rinderbrust (ohne Knochen), 1 Lorbeerblatt, je 8–10 zerdrückte Pfefferkörner und Wacholderbeeren, 1 Knoblauchzehe; 2 Möhren, 1 Porreestange, ½ Sellerie, 2 Zwiebeln, je 1 Teel. Paprika und grober Pfeffer, 2 Eßl. Essig, 1 Bd. Petersilie, 4 Eßl. Sahnemeerrettich.

Rinderbrust waschen, in 1½ Liter Salzwasser aufkochen und abschäumen. Lorbeerblatt, Wacholderbeeren, Pfefferkörner und Knoblauch zugeben und etwa 1½ Std. kochen lassen, bis das Fleisch schön weich ist. Möhren, Porree und Sellerie putzen, schälen, in Scheiben schneiden, dann zu dem Fleisch geben und ca. ½ Std. mitkochen lassen. Gegartes Fleisch und Wurzelwerk herausnehmen, Rin-

derbrust in fingerdicke Scheiben schneiden und warm stellen.

Die abgezogenen, in Scheiben geschnittenen Zwiebeln in etwas Brühe dünsten, mit Paprika bestäuben und Essig ablöschen, jetzt das Wurzelwerk zugeben und kurz mitdünsten. Alles auf die Rinderbrustscheiben verteilen, mit grobem Pfeffer und gehackter Petersilie bestreuen und darüber den Sahnemeerrettich geben.

Mit Salz- oder Stampfkartoffeln servieren.

Sachsenhahn

2 Knoblauchzehen, ½ Teel. edelsüßer Paprika, 0,1 l Salatöl, 4 Hähnchenkeulen (je 200 g), etwas Salz und Pfeffer aus der Mühle.

Für die Marinade Knoblauchzehen schälen, zerdrücken und mit Öl und Paprika gut verrühren.

Hähnchenkeulen waschen, trockentupfen und in die Marinade einlegen. Etwa 2–4 Stunden abgedeckt im Kühlschrank durchziehen lassen, danach gut abtropfen lassen und auf den vorgeheizten Grill legen. Unter mehrmaligem Wenden und regelmäßigem Bestreichen mit Marinade etwa 25–30 Minuten grillen, jetzt erst salzen und pfeffern. Die Hähnchenkeulen sollen schön goldbraun und knusprig sein. Salat dazu reichen.

Wernigeröder Jause

1 Zwiebel, 2 Eßl. Meerrettich,
2 Teel. Senf,
½ Knoblauchzehe,
2–3 Eßl. Öl, Oregano,
einige frische Zweige
Basilikum, 4 Schweinekoteletts
(vom Fleischer Taschen
einschneiden lassen),
Salz, Pfeffer aus der Mühle.

Zwiebeln feinhacken, mit Meerettich, Senf, zerdrückter Knoblauchzehe, Oregano und Öl zu einer dickcremigen Masse verrühren, gezupfte Basilikumblättchen untermischen.
Koteletts abspülen, abtrocknen, Meerrettich-Würzmasse in die Fleischtaschen geben, Taschenränder mit Holzstäbchen verschließen. 1–2 Stunden abgedeckt im Kühlschrank durchziehen lassen. Dann die Kote-

letts mit etwas Öl bepinseln, pro Seite ca. 6 Minuten grillen oder braten, zum Schluß mit Pfeffer und Salz würzen. Dazu gehören Krautsalat oder in Butter geschwenktes Mischgemüse und Vollkornbrötchen.

Spargel im Schinkenmantel

2 kg weißer Stangenspargel,
1 Eßl. Zucker, 2 Eßl. Salz,
30 g Butter, 2 Scheiben Zitrone;
50 g Butterschmalz, 30 g Mehl,
Salz, Pfeffer, Zitronensaft,
⅛ l Schlagsahne, 2 Eigelb,
8 Scheiben dünn geschnittener,
gekochter Schinken,
2 Eßl. Reibekäse.

Geschälten Spargel zu 8 Portionen bündeln, mit Zucker, Butter und Zitronenscheiben in 1½ Liter Salzwasser etwa 10 Minuten kochen lassen. Spargel herausnehmen, gut abtropfen lassen und warm stellen.

Für die Sauce Butter zerlassen, Mehl darin erhitzen, bis es hellgelb wird, Spargelfond aufgießen, gut verrühren und mit Salz, Pfeffer und etwas Zitronensaft abschmecken, ca. 5 Minuten

kochen lassen. Eigelb mit Sahne verrühren und unter die Sauce ziehen, nicht mehr kochen. Spargelportionen mit Schinkenscheiben umwickeln, in eine vorher ausgebutterte feuerfeste Form legen, mit legierter Sauce gleichmäßig überziehen und mit Reibekäse bestreuen. Im vorgeheizten Ofen bei ca. 200 °C etwa 5 Minuten überbacken, mit Petersilienkartoffeln servieren. Dazu schmeckt ein trockener Wein.

Stangenspargel Bördeart

2 kg Stangenspargel,
1 Eßl. Zucker, 2 Eßl. Salz,
2–3 Scheiben Zitrone;
8 Eier, 100 g Butter, Salz;
Zitronenmelisse, Petersilie,
4 Cocktailtomaten.

Spargel schälen und bündeln, in siedendem Salzwasser mit Zucker und Zitronenscheiben garen. Für die Omelettes die Eier in einer Schüssel aufschlagen, mit etwas Salz würzen, in eine ausgebutterte Eisenpfanne geben und durch Zusammenschwenken ausbacken. Gut abgetropften Spargel mit den Omelettes auf vorgewärmten Tellern anrichten, dazu Butterkartoffeln geben und mit Petersilie, Zitronenmelisse und Cocktailtomaten garnieren.

Geschmorte Mufflonkeule

1 kg Mufflonkeule, Salz, Pfeffer,
150 g Speckstreifen (zum Spicken),
1 Suppengrün,
Beize: je ½ l Magermilchjoghurt,
1 Eßl. Zucker, 1 Teel. Salz,
je ½ Teel. geschroteter Pfeffer
und Thymian,
½ zerdrückte Knoblauchzehe,
etwa 15 Wacholderbeeren,
einige junge Wacholdertriebe;
50 g Erdnußöl, 1 Zwiebel,
1 Eßl. Tomatenmark, 1 Eßl. Mehl,
0,1 l Crème fraîche.

Für die Beize Joghurt und ½ l Wasser sowie alle Gewürze gut verrühren und durchziehen lassen. Mufflonkeule von Knochen und Sehnen befreien (beides aufheben), abspülen und trokkenreiben, in Faserrichtung mit Speckstreifen spicken, in die Beize einlegen und etwa 1–2 Tage abgedeckt kalt stellen.

Keule in erhitztem Öl von allen Seiten scharf anbraten, zerhackte Knochen und Abschnitte mit anrösten. Zwiebelwürfel und Tomatenmark dazugeben und mitschmoren lassen, bis alles schön braun ist. Danach je ¼ l Beize und Wasser aufgießen, im Ofen bei Mittelhitze ca. 1½ Std. schmoren lassen. Wenn die Keule weich ist, herausnehmen und warm stellen. Saucenfond mit Mehl binden, aufkochen, mit Pfeffer und Salz abschmecken, Crème fraîche unterziehen. Sauce durch ein Sieb streichen und über die in fingerdicke Scheiben geschnittene Keule geben. Dazu ißt man Rosenkohl, Pilze und Kartoffelpüree oder Klöße.

Bratapfel mit Nuß-Marzipan-Avocat

4 mittelgroße Äpfel (Boskoop),
4 Eßl. Honig,
50 g Marzipanrohmasse,
100 g gemahlene Haselnußkerne,
1 Messerspitze Zimt,
Zitronensaft,
2 P. Vanillezucker, ⅛ l Schlagsahne,
8 cl Eierlikör.

Gewaschene Äpfel trockenreiben und Kerngehäuse vorsichtig herausschneiden, ohne dabei die Äpfel zu durchstechen. Honig in eine Schüssel geben, diese im Wasserbad erhitzen, Marzipanmasse und ⅔ der gemahlenen Haselnüsse unterrühren, mit 1 Päckchen Vanillezucker, Zitronensaft und Zimt abschmecken, gut durchrühren und in die Äpfel füllen. Schlagsahne mit Eierlikör, restlichen

gemahlenen Nüssen und Vanillezucker mischen, eventuell etwas Zimt zugeben. Gefüllte Äpfel in eine gefettete, feuerfeste Form legen, Sahne-Eierlikör-Mischung darübergeben, im vorgeheizten Ofen bei ca. 200 °C etwa 10–15 Minuten backen und noch warm servieren.

Beerenquark »Beschwipster Kater«

500 g Magermilchquark, 1 Zitrone, 75 g Zucker, 1 P. Vanillezucker, 50 g gehackte süße Mandeln, 250 g Waldbeeren, 4 cl Schwarzer-Kater-Likör, 2 cl Himbeergeist, 6 Blatt Gelatine, ¼ l geschlagene Sahne.

Quark gut abtropfen lassen, mit Saft und Abrieb einer Zitrone, Zucker, Vanillezucker und gehackten Mandeln glatt verrühren. ⅔ der Waldbeeren mixen, unter den Quark heben, Likör und Himbeergeist zufügen. Eingeweichte Gelatine in heißem Fruchtsaft auflösen und unter den Quark ziehen, Sahne vorsichtig darunter heben, dann kalt stellen. In Gläsern anrichten und mit den restlichen Waldbeeren garnieren.

Grapefruit-Joghurt-Mousse

2 Grapefruits (rosa), 3 Eier, (Eiweiß vom Gelb trennen), 100 g Zucker, 6 Bl. Gelatine, ½ l Joghurt, ¼ l geschlagene Sahne, etwas frische Minze, 4 Cocktailkirschen.

Grapefruits abschälen und filetieren, dabei den Saft auffangen. Eigelb mit Zucker und Grapefruitsaft im warmen Wasserbad cremig rühren. Gelatine einweichen, ausdrücken, im warmen Eigemisch unter ständigem Rühren auflösen und Joghurt untermischen. Die Hälfte der Grapefruitfilets kleinschneiden, mit der Schlagsahne und dem steifgeschlagenen Eiweiß vorsichtig vermischen, unter das Eigemisch ziehen, in eine Glasschüssel füllen und nach dem Erstarren anrichten.

Alt-anhaltischer Brotpudding

250 g altes Schwarzbrot, 60 g Rindertalg, 30 g Mehl, 125 g entsteinte Sauerkirschen, 30 g Zitronat (gehackt), 75 g Zucker, 1 Ei, 1/4 l Milch, 1 Prise Salz, etwas Butter zum Ausfetten.

Brot in Würfel schneiden, in kaltem Wasser einweichen, herausnehmen und ausdrücken. Brotwürfel mit feingehacktem Talg und übrigen Zutaten gut mischen, mit Zucker und Salz abschmecken. Masse in eine ausgebutterte Form füllen und im vorgeheizten Ofen bei 150 °C etwa 1 Stunde backen. Etwas abkühlen lassen und stürzen. In Scheiben mit selbsteingelegten Weinbrandkirschen, Kirschsauce oder Kompott servieren.

Pumpernickelspeis

3/8 l Milch, 150 g bittere Schokolade, 4 Eßl. Zucker, 150 g geriebener Pumpernickel, 2 Eigelb, 1 P. Vanillezucker, abgeriebene Zitonenschale, 4 Blatt Gelatine, 1/4 l süße Sahne.

Milch mit Schokolade, Zucker und Pumpernickel unter ständigem Rühren zum Kochen bringen, vom Herd nehmen. Eigelb mit Vanillezucker und Zitronenschale verrühren und unter die warme Masse heben, nochmals erhitzen (nicht kochen). Jetzt die in etwas warmer Milch aufgelöste Gelatine unterrühren, Masse im Eiswasserbad kalt rühren, kurz vor dem Festwerden vorsichtig die geschlagene Sahne unterheben. Kalt stellen, mit Sahnetupfen garnieren.

Buttermilchgelee

6 Blatt rote Gelatine,
5 Eßl. Rotwein,
½ l Buttermilch, 3 Eßl. Zucker,
Saft und Abrieb einer
unbehandelten Zitrone.

Gelatine einweichen, danach ausdrücken. Unter ständigem Rühren in Rotwein erwärmen und auflösen, dann abkühlen lassen. Buttermilch mit Zucker, Zitronenschale und -saft abschmecken, erkaltende Gelatinelösung unterrühren und kalt stellen. Kurz vor dem Erstarren in Gläser füllen. Gut gekühlt servieren, dazu Vanillesauce reichen.

Rezeptverzeichnis

Wir danken den Firmen

Otto Weihe
Obst und Gemüse
Badstr. 33, W-1000 Berlin 65

für die freundliche Bereitstellung von Obst, Gemüse und Küchenkräutern,

Delta Fleisch Hamburg
Lagerstr. 11, W-2000 Hamburg 36

für Fleisch, Wurst und Fisch,

Villeroy & Boch AG
Schloßstr., W-1000 Berlin

für die Bereitstellung des Anrichtegeschirrs und der Gläser sowie dem

Hotel Unter den Linden
Betriebs GmbH
Unter den Linden 14, O-1080 Berlin

für das Kochen und Zubereiten der Speisen und Gerichte.